AF452039

FABLES CHOISIES D'ÉSOPE,

MISES EN CHANSONS.

AVEC FIGURES,

Deſſinées & Gravées par M. CHEVALIER.

A SAMOS;

et se trouve

A PARIS,

Chez MÉQUIGNON le jeune, Libraire au Palais-Marchand, Perron S. Barthelemy.

M. DCC. LXXXII.

Mon Livret, en ces jours de Fète, Le Sage, même, à cinquante ans,
Ne convient pas aux seuls Enfa[ns], Proffite à l'école des Bêtes.

LA FONTAINE ET LA MARRE.

ESOPE *est la Nature* : Moi,

Pour mes Fables, non sans effroi,

Je suis l'Eau que la pluie amene.

Et la Fontaine est LA FONTAINE.

LA FONTAINE et LA MARRE,

FABLE ALLÉGORIQUE.

Sur l'Air : *Sois complaisant.*

1.

NATURE avoit
Sa fontaine chérie ;
Auprès étoit
Eau qu'assembloit la pluie :
Mais
Nature eut la fantaisie
Un jour de la voir de près.

2.

Cette eau me plaît,
Je m'y connois sans peine ;
Elle paroît,
Dit-elle, & pure & saine :
Mais
J'aime encor mieux La Fontaine,
Je m'y trouve plus d'attraits.

A

FABLE I.
LE LOUP ET L'AGNEAU.

Sur l'Air : *Lison dormoit.*

1.

Dans le cryſtal d'une onde pure,
Maître Loup ſe déſaltéroit ;
L'Agnelet, douce créature,
Plus bas dans le courant buvoit :
Le Loup qui vouloit s'en repaître,
Lui dit : Qu'oſes-tu faire ici ?
Imprudemment troubler ainſi
L'eau que je bois ! Hélas ! mon Maître,
  Répond l'Agneau,
  De ce Ruiſſeau
De vous à moi s'écoule l'eau.

2.

L'an paſſé, dit la bête fière,
Par toi l'on me vit chanſonné.
Comment cela ſe peut-il faire ?
Dit l'Agneau, je n'étois pas né.
L'on m'a dit qu'en tous lieux ton frère
Médit de moi. Mon frere ! hélas,
Mon bon Seigneur, je n'en ai pas.
C'eſt donc ou ton pere ou ta mere.
  Diſant cela,
  Le Loup heurla,
Sauta ſur l'Agneau, l'étrangla.

LE LOUP ET L'AGNEAU.

En proie à des Traitans avides,
Le Peuple se plaint ; il a tort :
Leurs raisons sont des plus solides,
Car ils ont celles du plus fort.

L'ÉCREVISSE ET SA FILLE.

Mamans, pour prêcher vos enfans
Sans doute la matiere est ample :
C'est bien fait, vos soins sont prudens,
Mais, faites mieux, prechez l'exemple.

FABLE II.
L'ÉCREVISSE ET SA FILLE.

Sur l'Air : *Baise - moi donc.*

I.

Une Ecreviſſe à ſa petite
Diſoit : Vraiment, ce procédé m'irrite;
Quittez, ma fille, inceſſamment
Votre démarche favorite ;
Comportez-vous plus décemment,
Ou, ma foi, je vous deshérite.

2.

Mais la fille avoit fait ſon thême.
Maman, Maman, quelle fureur extrême !
Calmez cet injuſte couroux;
J'approuve fort votre ſyſtême,
Vous parlez bien ; mais, entre nous,
Que ne marchez-vous droit vous-même?

A ij

FABLE III.

LA CIGOGNE ET LE RENARD.

Sur l'Air : *Vraiment ma Commere voire.*

1.

RENARD, au grand appétit,
A Cigogne un beau jour dit :
Viens dîner chez moi, Commere.
Vraiment mon Compere voire,
Vraiment mon compere oui.

2.

Ils furent bientôt servis :
Le dîner étoit exquis ;
Mais dans le plat la Cigogne
Ne put, bien fort en grogne,
Saisir un seul grain de riz.

2.

L'oiseau, piqué jusqu'au vif,
A se venger fut actif.
Il invita le Compere,
Et d'une étrange maniere
Il punit notre Escogrif.

4.

Le dîner on demanda,
Un bocal on apporta :
Le repas fut à merveille ;
Renard lécha la bouteille,
Et Cigogne la vuida.

LA CIGOGNE ET LE RENARD.

Qui veut duper a lieu de craindre
Quelque jour de se voir dupé :
Un trompeur a tort de se plaindre
Quand à son tour il est trompé.

LE GLAND & LA CITROUILLE.

Nos Nouvelistes malhabiles,
Qui de l'Etat font les Censeurs,
Sont des aveugles imbéciles
Qui veulent juger des Couleurs.

FABLE IV.

LE GLAND ET LA CITROUILLE.

Sur l'Air : Tous les Bourgeois de Chartres.

1.

D'UNE étrange maniere
Le destin s'est conduit,
Dit Blaise à son Compere ;
Ce Gland est trop petit.
A ce chêne pour fruit,
Il faudroit la Citrouille ;
Jupiter a mal fait,
    Tout net.
Sur son nez tombe un gland,
    Pendant
Qu'aux Dieux il chante pouille.

2.

Mais le sang qui l'inonde
Lui dessille les yeux ;
Il convient qu'en ce monde
Tout est fait pour le mieux ;
Et rendant grace aux Dieux,
Le Manant s'agenouille :
« C'est fort heureux pour moi,
    » Ma foi !
» Si je suis tout en sang,
    » D'un Gland,
» Qu'eût fait une Citrouille ? »

FABLE V.

LA FOLIE ET L'AMOUR.

Sur l'Air : *A pied comme à Cheval.*

LA Folie & l'Amour
Eurent difpute un jour :
Amour fut l'agreffeur ;
Mais par malheur
Folie étoit
Plus au fait,
Prend l'Amour au collet,
Et d'un foufflet,
Au pauvret
Creve les deux yeux tout net.
Aux Cieux tout eft en combuftion ;
Grande fut la confufion :
Vénus eft pire qu'un dragon ;
Dame Junon
Opine à faire une penfion :
., Il faut à telle action
., Punition, ,,
Dit Apollon ;
., Le pauvre garçon
,, Sans yeux, que lui fert fon brandon ?
,, Que Folie attache donc,
,, Pour conduire Cupidon,
,, A fa ceinture un cordon,
,, Si mieux n'aime être fon bâton. ,,
Du beau difcours d'Apollon
Ce fut la conclufion ;
Jupiter le trouva bon.
Folie a toujours, dit-on,
Depuis, pour mériter fon pardon,
Servi de guide à Cupidon.

LA FOLIE ET L'AMOUR.

Pourquoi tant de Sots dans Paris.
Enrichissent-ils des Laïs,
Et font eux-même Banqueroute,
C'est que Cupidon n'y voit goutte.

LE CONSEIL DES RATS.

Que de Conseillers imbéciles
De tous Rangs et de tous Etats!
A l'air, on les croiroit habiles;
Au fond, c'est le Conseil des Rats.

FABLE VI.
LE CONSEIL DES RATS.

Sur l'Air : *Tous les Bourgeois de Chartres.*

1.

Un jour, pendant l'absence
De Rominagrobis,
En toute diligence
Chez le peuple souris
Le conseil s'assembla :
Un Rat dont la prudence,
Au Parquet ce jour-là
    Brilla,
Et beaucoup sur cela
    Parla,
En eut la présidence.

2.

Qu'un grelot on apprête,
Dit-il, pour le Matou,
Ce vilain trouble-fête ;
Qu'on l'attache à son cou :
Mais le point est ici
De le mettre au Barbare ;
Sera-ce toi, l'ami ?
    Nenni.
Ni toi ? ni moi ? ni lui ?
    Ainsi
Le Conseil se sépare.

A iv

FABLE VII.
LA GRENOUILLE AMBITIEUSE.

Sur l'Air : *Trois petit couteaux dans une gaîne.*

1.

UNE Grenouille vit une Vache,
Lui trouva bonne façon,
Et dit à son enfançon,
Fa la rira dondaine,
Fa la rira dondon.

2.

Il faut absolument que je tâche,
Par noble émulation,
D'égaler cette Dondon.
Fa la rira.

3.

La Bestiole sort de sa flâche,
Se boursouffle tout de bon ;
Y suis-je, mon fils ? non non.
Fa la rira.

4.

Elle s'enfle encor plus la bravache,
Mais sa folle ambition
La fit crever, ce dit-on.
Fa la rira.

LA GRENOUILLE AMBITIEUSE.

Par un orgueil incorrigible
On se perd, et sans être plaint.
Ne tentons jamais l'impossible,
Qui trop embrasse mal étreint.

LES DEUX RATS.

La liberté nous fait joüir

D'un sort vraiment digne d'envie,

Sans elle, il n'est rien dans la vie

Que nous puissions nommer Plaisir.

FABLE VIII.
LES DEUX RATS.

Sur l'Air : *Où s'en vont ces gais Bergers ?*

1.

Un Rat d'Athènes, tout plein
   D'orgueil & de baffeffe,
Se trouvant un jour en train
   D'oublier fa nobleffe,
Invita certain Rat fon voifin :
   Il vint chez fon Alteffe.

2.

Sur de la pourpre de Tyr
   Il traite fon convive ;
Tous deux ivres de plaifir,
   Rongent perdrix & grive ;
Mais bientôt la porte de s'ouvrir
   Et l'alarme fut vive.

3.

Le Seigneur lui dit : Suis-moi ;
   Dans un coin fe retire.
Le Payfan, plein d'effroi,
   Se blottit près du Sire ;
On fort, tout devient calme & coi,
   Et le couple refpire.

4.

Achevons ce cervelas,
   Dit le Seigneur. A d'autres !
Répond Ruftaut ; vos repas
   Ne valent pas les nôtres ;
La crainte empoifonne tous vos plats,
   Je ne fuis pas des vôtres.

FABLE IX.

LA GRENOUILLE ET LE RAT.

Sur l'Air : *O reguingué, o lon lan la.*

1.

A Raton la Grenouille un jour   *bis.*
Dit : L'ami, venez faire un tour
Dans notre agréable séjour ;
Vous verrez les loix, les pratiques
De nos humides Républiques.

2.

Avec vous j'irais de grand cœur, *bis.*
Répond le Rat, mais par malheur
Je suis assez mauvais nageur.
Qu'à cela ne tienne, Compère ;
Je saurai vous tirer d'affaire.

3.

Elle dit, prend un jonc léger, *bis.*
S'attache au Rat, & sans danger
D'abord lui montre à naviger ;
Mais aussitôt l'infâme tâche
D'entraîner Raton dans sa flâche.

4.

Entr'eux deux se fit un combat : *bis.*
Ronge-lard en vain se débat ;
Par le plus horrible attentat,
La Grenouille cette soirée
Compte bien en faire curée.

5.

Autrement il en arriva : *bis.*
Un Milan qui les observa,
L'un & l'autre les enleva,
Et le gaillard fit de la paire

LA GRENOUILLE ET LE RAT.

Du Méchant l'odieux manége
Se tourne souvent contre lui ;
Et lui-même est pris dans le piége
Qu'il avoit tendu pour autrui.

LES DEUX MULETS.

Le Pauvre vit dans sa chaumiere
Ignoré, tranquille et content :
Les Palais des Grands sont souvent
Les premiers frappés du tonnerre.

FABLE X.
LES DEUX MULETS.

Sur l'Air : *Du Confiteor.*

1.

Un certain manant Charbonnier,
Avoit deux Mulets de portage ;
Du Roi du pays le Fermier
Acheta l'un, & son partage
Fut de porter des sacs pleins d'or,
De la banque jusqu'au trésor.

2.

Le Charbonnier alloit porter
Son charbon dans la même ville ;
Mulets ensemble de troter,
Tous deux ils alloient à la file ;
Mais quelques voleurs aux aguets,
Arrêterent nos deux Baudets.

3.

Les Larrons dans le même instant,
Sur le chargé d'or se ruerent,
Et le mulet se défendant,
En deux coups ils le dépêcherent ;
Mais le Mulet portant charbon,
N'eut pas le moindre horion.

4.

Pauvre ami, dit l'autre au Fermier,
Comme moi tu serois au large,
Si tu servois un Charbonnier :
Le brillant éclat de ta charge
Seul te cause un trépas si prompt ;
Bien mieux vaut porter du charbon.

FABLE XI.
LES DEUX CHIENNES.

Sur l'Air : Un Moine ayant, c'étoit un
Sous-Prieur.

1.

UNE Danoise, (une Chienne s'entend)
Elle approchoit, ce dit-on, de son terme,
Pour mettre bas, n'ayant nul logement,
Alla trouver une Chienne de ferme :
« Ayez pitié de ce fruit que renferme
» Hélas ! dit-elle, ce ventre de chien ;
» Si votre cœur à la pitié se ferme,
» Moi, mes enfans nous périrons demain. »

2.

Les cris, les pleurs d'une mere aux abois,
Trouverent grace auprès de la mâtine ;
Elle répond, adoucissant sa voix :
Venez chez nous, demeurez-y, voisine ;
Disposez-y de paille, de cuisine :
Quoiqu'étrangers, Epagneuls ou Danois,
Races de chiens, & chiens portant babine,
Sur moi toujours auront les plus grands droits.

3.

Elle mit bas ; petits devinrent grands.
Six mois après revint sa bienfaitrice :
Vuidez les lieux, dit-elle, il en est temps,
J'en ai besoin, & ce n'est que justice.
Mais les enfans & l'infâme nourrice,
A la Fermiere alors montrent les dents :
J'en sortirai, répond l'ingrate Lice,
Quand vous pourrez me chasser de céans.

LES DEUX CHIENNES.

On se plaint de l'ingratitude,

Mais on ne s'en corrige pas :

C'est que trop souvent pareil cas

Est chez nous Peché d'habitude.

LE LION MALADE
ET L'ANE.

Quand la force le tyrannise,
Le Sage seul sait ennoblir
Les peines que lui fait souffrir
Un fat, qu'en son ame il méprise.

FABLE XII.

LE LION MALADE ET L'ANE.

Sur l'Air : *Saint Antoine avoit un cordon.*

Un Lion fort vieux se mouroit,
Et de maint sujet
La troupe l'entouroit.
Chaque Animal dans sa boutade
Donne au Moribon
Son horion ;
Mais le Lion
Disoit : J'ai mérité mon sort ;
Etant le plus fort,
Je fus tyran, j'eus tort.
L'Ane accourt, lâche sa ruade.
Ah Ciel ! dit le roi,
Un Ane ! hé quoi !
Me frappe, moi ?
Comment, ce lâche, ce balourd
M'insulte à son tour !
J'ai trop vécu d'un jour.

FABLE XIII.
LE CORBEAU IMPRUDENT.

Sur l'Air : *O reguningué, o lon lan la.*

1.

Un Corbeau tenoit dans son bec,
Sur un chêne, un fromage Grec ;
Un Renard avec grand respect,
Vint lui faire salamalec ;
Il savoit que le personnage
Etoit plus glorieux que sage.

2.

Le Renard, en rusé matois,
Lui dit d'un air doux & courtois :
« A l'air si vous joignez la voix,
» Vous êtes le Roi de ces bois. »
Le Corbeau croit le persiflage,
Veut chanter, lâche son fromage.

3.

Maître Renard incontinent
En fit curée, en lui disant :
Ne vous croyez plus sottement
Ni Phœnix, ni maître de chant ;
A l'avenir soyez plus sage :
Mon avis vaut bien un fromage.

LE . CORBEAU IMPRUDENT.

D'un flatteur la fausse monnoie
Des cœurs sait se frayer la voie,
Ecoutez-le, il reussira ;
Vingt contr'un qu'il vous trompera.

LE LIEVRE et LES GRENOUILLES

L'Univers en poltrons abonde,
Et tel que l'on raille aujourd'hui
En verra demain dans le monde
Cent autres plus poltrons que lui.

FABLE XIV.

LE LIEVRE ET LES GRENOUILLES.

Sur l'Air : *Des Folies d'Espagnes.*

1.

Toujours trembler & toujours être en
tranfe ,
Difoit un Lievre , autant être pendu.
Grand Jupiter , hélas ! mon exiftence
Coûte trop cher à mon cœur éperdu.

2.

Il parle encor qu'un bruit fe fait entendre :
Lievre courant & par monts & par vaux,
Près d'un marais s'avife de defcendre ;
Peuple Grenouille en habitoit les eaux.

3.

A fon afpect, une frayeur mortelle
Saifit d'abord les hôtes du marais ;
L'époux quittant fa compagne fidelle,
Saute effrayé dans l'humide Palais.

4.

Eh quoi ! dit-il, eft-il donc bien poffible
Qu'il foit encor gens plus poltrons que moi ?
Je ne fuis plus à tel point contemptible,
Puifqu'à ceux-ci je caufe un tel effroi.

FABLE XV.
LE SINGE ET LE DAUPHIN.

Sur l'Air : *Jean , ce font vos Rats.*

I.

A P R È s un naufrage,
Dauphin fur les flots
Vit Singe à la nage ,
Le prit fur fon dos :
Il le croit homme à fa dégaine ,
Bien plus encore à fes propos ,
Qu'il eft de Délos ,
Qu'il eft des premiers dans Athènes ;
Mais mal-à-propos
Le Dauphin ajouta ces mots :

2.

Souvent le Pirée
Vous reçoit parmi
Les fils de Nérée ?
« Il eft mon ami. . . . . »
Oh ! pour le coup , la pauvre bête ,
Pour quelque Seigneur prit le Port.
Le Dauphin d'abord
Reconnoît en tournant la tête
Le pauvre butor ;
Il s'en décharge , & nage encor.

LE SINGE ET LE DAUPHIN.

Ton Fils, dis-tu, l'Apothicaire
Jamais ne devroit sonner mot :
C'est un sot, ne peut-il se taire ?
Non, car il ne seroit plus sot.

LE CHIEN ET LE LOUP.

Vivre dans le sein des délices,
C'est, dit-on, la félicité :
Mais l'homme est-il en liberté
Quand il est esclave des vices ?

FABLE XVI.
LE CHIEN ET LE LOUP.

Sur l'Air : *Des Trembleurs d'Isis.*

1.

CERTAIN Loup à maigre échine,
Vit un Chien de bonne mine.
Pour partager ta cuisine,
Faut-il travailler beaucoup ?
Presque point ; donner la chasse,
Dit le Chien, avec audace,
Aux gens à fâcheuse face.
Bon, je te suis, dit le Loup.

2.

Il remarque à la passade,
Au cou du chien la pelade.
Qu'est ceci mon camarade ?
Bagatelle, dit le Chien ;
C'est que quelquefois la chaîne
Dont le matin l'on m'enchaîne,
M'use un tant soit peu la laine ;
Mais, bon ! cela n'y fait rien.

3.

Rien ! dit le Loup ; comment diable !
Cela fait tant, mon aimable,
Que je renonce à ta table ;
Pour moi, sans la clef des champs,
Le meilleur repas est fade ;
Fût-ce perdrix ou pintade,
Au diable votre goinfrade,
Je ne suis pas de vos gens.

FABLE XVII.
LE LOUP ET LA CIGOGNE.

Sur l'Air : Jean, ce sont vos Rats.

1.

Un jour de carnage,
Un os de Mouton
Boucha l'œsophage
D'un Loup trop glouton.
Qu'on aille chercher ma Commere
Cigogne, dit-il, au long cou.
L'oiseau tout d'un coup
Tire l'os qui le désespere,
L'oiseau tout d'un coup
Demande son salaire au Loup.

2.

Le glouton en grogne,
Et grinçant les dents,
Dit à la Cigogne :
Voilà de nos gens !
Vraiment, vous n'êtes pas honnête,
De vous plaire il n'est nul moyen ;
Et n'est-ce donc rien
D'avoir retiré votre tête ?
Eh ! n'est-ce donc rien ?
Je pense avoir payé fort bien.

LE LOUP ET LA CIGOGNE.

On a trop souvent droit de craindre

De n'obliger qu'un Scélérat,

Et l'on n'a pas lieu de se plaindre

Lorsque l'obligé n'est qu'ingrat.

LE CORMORAN & LES POISSONS.

Oui, j'en conviens, votre ennemi
Peut par hazard cesser de l'être ;
Mais si Nature le fit traître,
Deffiez-vous toujours de lui.

FABLE XVIII.

LE CORMORAN ET LES POISSONS.

Sur l'Air : *Nanon dormoit.*

1.

Un Cormoran
Des marais d'Alexandre,
Vieux, impotent,
Et ne pouvant plus prendre
Poiffons, jeunes ni vieux,
Trouva, (*bis*) pour s'en fournir, un tour
heureux.

2.

Près d'un étang
Il vit une Ecreviffe,
Lui dit : Enfant,
Le bon Seigneur Ulyffe
Céans pêche demain ;
Fuyez (*bis*) un trépas cruel & certain.

3.

Sur fon rapport,
Dans l'étang grande émute,
Et tout d'abord
A l'Oifeau l'on députe,
Implorant fon appui ;
Je veux, (*bis*) dit-il, vous fauver aujourd'hui.

4.

Dans un marais
Peu profond, à fa porte,
Commode & frais,
Les Poiffons il tranfporte :
Cormoran l'aigrefin
En fit (*bis*) à l'avenir fon magafin.

FABLE XIX.
LE CHÊNE ET LE ROSEAU.
Sur l'Air : *Des Folies d'Espagne.*

I.

Un Chêne vert dont la cime branchue,
Ayant déja compté deux cents hivers,
Aux yeux sembloit se perdre dans la nue,
Un jour étoit monté sur ses grands airs.

2.

Vers toi le Ciel fut bien impitoyable,
Ami, dit-il au Roseau son voisin ;
Fut-il jamais sort au tien comparable,
Plus triste lot, plus malheureux destin ?

3.

Ta tige foible, indéfensable, étique,
Obéit même aux Zéphires légers ;
Aux Aquilons ma tête fait la nique,
Et de mes pieds je touche les Enfers.

4.

Il parle encor que le vent se déchaîne,
En un instant fait le tour du compas.
Le Roseau plie ; & le superbe Chêne,
Chancelle, tombe & se brise en éclats.

LE CHÊNE ET LE ROSEAU.

L'honnête homme qu'on veut corrōpre

Doit plutôt rompre que plier :

Mais quand l'honneur reste en entier,

Il vaut bien mieux plier que rompre.

LES DEUX CHIENS
ET LE DAIM MORT.

C'est encore un nouveau projet !
Facile, si l'on veut t'en croire :
Mais faut-il en venir au fait,
On voit que c'est la Mer à boire.

FABLE XX.
LES DEUX CHIENS.

Sur l'Air : *On n'aime point dans nos Forêts.*

1.

Deux Dogues pressés par la faim,
Découvrirent sur la rivière
Le corps mort d'un beau jeune Daim :
Pour eux c'eût été grande chere ;
Mais la carcasse étoit trop loin ;
Ils n'avoient pas peu de tintoin.

2.

D'abord ils voulurent nager :
Le courant étoit trop rapide ;
L'embarras ne fit qu'irriter,
Dit-on, leur appétit avide.
Tous deux, d'avoir nagé bien las,
Ils consulterent sur le cas.

3.

Un des deux, c'étoit le Doyen,
Dit : Voici difficile affaire ;
Mais ne désespérons de rien :
L'eau seule à nos vœux est contraire,
Buvons-la toute ; il faudra bien
Qu'à sec demeure notre Daim.

4.

Nos Chiens se mettent à lapper :
Dans leur projet imaginaire,
Ils comptoient bien, avant souper,
Pouvoir avaler la rivière ;
Mais, hélas ! l'un & l'autre sot,
Crevèrent dès le second pot.

B ij

FABLE XXI.

L'ANE ET LA PETITE CHIENNE.

Sur l'Air : *Notre Demoiselle a dit oui.*

1.

Quoi ! dit l'Ane d'un Meunier,
    Travailler fans cesse !
Bien mieux vaut, dit le Bordier,
    Imiter Princesse,
    C'est un bon métier ;
Ne faut que faire au Patron
    Caresse galante.
Il dit, leve sans façon
    La corne puante,
    Et lui porte au menton.

2.

Qu'est ceci ! cria Michaut,
    Je crois qu'il badine ;
Qu'est ceci ! cria Michaut,
    Je crois qu'il badine ;
    Voyez ce marot !
Il vous empoigne un tricot,
    Pan, pan sur l'échine ;
Il vous empoigne un tricot,
    De la bête Asine
    Frotte le Garrot.

L'ANE ET LA PETITE CHIENNE.

Esope le dit, c'est en vain
Que l'on prétend forcer nature,
Car la réussite est peu sûre,
Et le ridicule est certain.

LE RAT ET L'HUITRE.

Laïs, à mille appas vainqueurs
Joint un cœur qui n'est pas de roche:
Mais craignez ses charmes trôpeurs,
Car il en coûte à qui l'approche.

FABLE XXII.
LE RAT ET L'HUITRE.

Sur l'Air : *Des Pélerins de Saint-Jacques.*

1.

Un Rat qui n'avoit de sa vie
　　Vu que son trou,
Trottoit un jour par fantaisie,
　　Sans savoir où,
Quand la mer dont il approchoit
　　Frappa sa vue ;
D'un œil surpris il admiroit
　　Son immense étendue.

2.

A mer basse maint coquillage
　　Epars étoit,
Et mainte Huitre sur le rivage
　　Alors s'ouvroit ;
Une entr'autres lui paroissoit
　　Bonne denrée,
Et déja notre Rat comptoit
　　En faire ample curée.

3.

Lorsqu'à bien dîner il s'apprête,
　　Fatal destin !
L'Huitre se ferme ; adieu la tête
　　Du Pélerin.
Telle fut sa tragique fin,
　　Sa triste chance :
Le trépas au lieu d'un festin,
　　Hélas ! fut sa pitance.

FABLE XXIII.
LE BOUC ET LE RENARD.

Sur l'Air : *Or écoutez, petits & grands.*

1.

COMPERE Bouc, un jour d'été,
De Renard s'étoit accosté ;
Ils avoient une soif pressante,
La chaleur étoit accablante :
Par un heureux hasard conduits,
Ils arriverent près d'un puits.

2.

Ce puits n'étoit des moins profonds ;
Mais, d'heur pour nos deux compagnons,
Il avoit une bringueballe,
Et l'un & l'autre se déballe,
Se tenant de leur mieux au sceau :
Dans un instant ils sont à l'eau.

3.

Quand ils eurent bu tout leur soul,
Il s'agit de savoir par où
Sortir de ce gîte aquatique ;
Mais Renard, fertile en rubrique,
Dit au Bouc : Tiens, pour mieux sauter,
Je vais sur tes cornes monter.

4.

Hors de ce puits je sortirai,
Puis après je t'en tirerai.
Bouc y consent à la légère,
Et Renard de cette maniere
Sortit dehors ; mais le larron
Laissa dedans son compagnon.

LE BOUC ET LE RENARD.

Se faire des Amis sans choix,
C'est, sans doute, grande folie.
Mieux vaut être seul mille fois,
Qu'être en mauvaise compagnie.

LE LION AMOUREUX.

A quoi doivent donc aboutir
Tant de dépenses pour Hélène ?
A cheoir des bras de la Syréne
Dans le goulfre du repentir.

FABLE XXIV.
LE LION AMOUREUX.

Sur l'Air : *De la Camargo.*

Un puiſſant Lion,
D'un jeune tendron
Se rendit amoureux ;
Pour plaire à ſes yeux,
Le ſot imprudent
Perdit ongle & dent,
Et l'hiſtoire nous dit
Qu'il s'en repentit.

« Cette griffe
» D'eſcogriffe,
» Epouvante mes appas, »
Dit la belle.
Bagatelle !
Dit-il ; en ce cas,
Coupons-les tous ras.

Un puiſſant Lion, &c.

« Vos dents, limons-les un peu. »
C'eſt, dit-il, paſſer jeu ;
Mais connoiſſez, Fatime,
Mon eſtime ;
Qu'on les lime.
On les lui lima,
Puis on l'aſſomma.

Un puiſſant Lion, &c.

B iv

FABLE XXV.

LE SAVETIER ET LE FINANCIER.

Sur l'Air : *Ma raison s'en va grand train.*

1.

POUR voisin, certain Traitant
Eut un Savetier plaisant ;
Dès le grand matin,
Chansons du voisin
L'étourdissoient sans cesse ;
Mondor, pour calmer ce lutin,
Un jour usa d'adresse.
Lon là,
Un jour usa d'adresse.

2.

Au Savetier le Traitant
Donne un sac rempli d'argent ;
Dabord le chagrin,
Hélas ! chez Crépin
Avec Plutus se glisse ;
Adieu repos, chansons ; enfin
Crépin eut la jaunisse,
Lon là,
Crépin eut la jaunisse.

4.

Mais il fut sage ; au Traitant
Il reporta l'or, disant :
« Seigneur Financier,
» De votre métier
» Je n'ai plus la marotte ;
» J'aime mieux vivre en Savetier,
» Et siffler la Linotte,
Lon là,
» Et siffler la Linotte. »

LE SAVETIER et LE FINANCIER.

L'opulence traîne après soi
Soins et soucis de toute espéce :
Tel Pâtre est plus heureux qu'un Roi ;
Contentement paſſe richeſſe.

LE CHEVAL ET L'ANE.

Pouvant aider un misérable,
» Hélas, dis-tu, »le pauvre Diable
C'est son état... « Monstre, di-moi,
N'est-il pas Homme ainsi que toi?

FABLE XXVI.
LE CHEVAL ET L'ANE.

Sur l'Air : *De Grimaudin.*

1.

MAîTRE Cheval fut en voyage
Avec Baudet ;
Celui-ci portoit le bagage.
Le Bourriquet,
Au Cheval qui se pavanoit,
Dit d'un ton modeste & discret :

2.

« Ce faix va me coûter la vie ;
» Ami, prends-en
» Un tiers, c'est pour toi minutie,
» Sois obligeant. »
Mais le Cheval cabriolant,
A sa requête mit néant.

3.

L'Ane par force prit courage,
Hélas ! en vain ;
Ce fut-là son dernier voyage ;
On vit Martin,
Sous le faix succombant enfin,
Mourir au milieu du chemin.

4.

Cheval, de son refus peu sage
Fut bien fâché ;
Car sur son dos tout le bagage
Fut attaché,
Avec du Baudet écorché
La peau par-dessus le marché.

FABLE XXVII.

LE MOUCHERON ET LE LION.

Sur l'Air : Des Drapeaux de Sueêne.

A u Lion,
Le Moucheron
Un jour fut donner fon refte ;
De dépit,
Efope dit
Que le Roi fe mit au lit.
Le Lion en vain pourfuit
L'Infecte qui le molefte ;
Le Moucheron s'applaudit :
« Qu'on eft heureux d'être lefte,
» Vif & prefte ! »
Dit-il, zefte......
Le héros
Se trouve enclos,
D'Arachné du rets funefte :
Il s'y prit,
Se débatit,
Mais en vain ; il y périt.

LE MOUCHERON ET LE LION.

Qu'un Fat ait un mince succès,

Il en devient plus fat encore ;

Jusqu'à ce qu'enfin la pécore

Tombe à n'en relever jamais.

LE RAT HERMITE.

Faux Dévot, ou libre ou reclus,

Porte toujours un cœur de roche,

Et c'est beaucoup quand au refus

Il n'ajoute pas le reproche.

FABLE XXVIII.
LE RAT HERMITE.

Sur l'Air : *Je ne suis né ni Roi ni Prince.*

1.

Un Rat, pour faire pénitence,
Avoit choisi sa résidence
Dans la cave d'un épicier,
Dans le fond d'un fromage immense;
Deux Rats vinrent le supplier
De leur donner quelque assistance.

2.

La Capitale est assiégée;
Envoyez-leur quelque denrée,
Mon Révérend, par charité,
Dirent les Députés modestes :
Pour sauver toute la Cité,
Nous ne demandons que vos restes.

3.

Hélas ! dit le dévot Hermite,
Je fuis le siecle, je l'évite;
Au Ciel j'offrirai pour vous tous
Mes vœux, mes ferventes prieres :
Je ne puis rien de plus pour vous;
Dieu vous assiste, mes chers freres !

4.

Au nez il leur ferme la porte,
Disant : « Heureuse l'ame forte
» A qui, comme à leur serviteur,
» Des Dieux les bontés souveraines
» Daignent faire présent d'un cœur
» Exempt des foiblesses humaines ! »

FABLE XXIX.
LE RAT ET L'ÉLÉPHANT.

Sur l'Air : *Réveillez-vous*.

1.

CERTAINE Princesse puissante
Sur un Eléphant voyageoit ;
Il portoit son Noir, sa Suivante,
Son Chien, son Chat, son Perroquet.

2.

Par-tout où passoit la Sultane,
On admiroit son Eléphant ;
Le royaume de Tapobrane
N'en vit jamais un plus puissant.

3.

Un Rat, jaloux que l'on s'arrête
Pour voir le pesant Animal,
S'en choque, & va se mettre en tête
Que les hommes en jugent mal.

4.

Qu'est-ce donc, dit-il, qu'on admire
Dans ce colosse mal bâti ?
Moi je craindrois de faire rire,
Si j'étois fait ainsi que lui.

5.

Il en eût dit bien plus encore ;
Mais le Chat, sur lui se jetant,
Fit bientôt voir à la pécore,
Qu'un Rat n'est pas un Eléphant.

LE RAT ET L'ÉLÉPHANT.

Quand je vois un sot Hobereau,
La tête de vent boursoufflée,
Il me semble voir un Crapeau
Qui s'imagine être un Orphée.

LE RAT ET LE LION.

Chez quelqu'ancien sage l'on trouve,

Il n'est nul petit ennemi.

Je dis, et la Fable le prouve,

Il n'est nul méprisable ami.

FABLE XXX.
LE RAT ET LE LION.

Sur l'Air : *De la Chasse de la Garde.*

AIMER qui nous aime,
La Nature même
Nous en instruit,
L'honneur nous le prescrit;
Payer un service
Par un bon office,
C'est pour un cœur
Le comble du bonheur.

Un Rat peu sage,
S'ouvrit un passage
Droit sous le visage
D'un puissant Lion;
La noble brute,
Voyant qu'il se blutte,
Dit : Croque-lardon,
Reçois ton pardon.
Aimer qui, &c.

Quelques jours après,
Pendant la chasse,
Le Lion s'entre-lace
Parmi certains rets;
Le Rat passant par-là,
Sous les rets se coula,
Grignota, rongea,
Le délivra.
Aimer qui, &c.

FABLE XXXI.

LA COLOMBE ET LA FOURMI.

Sur l'Air : *Du Menuet de la Chasse de la Garde.*

Une Fourmi passoit, & du vent la fureur,
De la pauvrette
Redoubloit la peur :
Un tourbillon la jette en un ruisseau ; mais
d'heur
La Colombette
Vit notre nageur.
L'Oiseau plaint son malheur,
Prend un jonc, le lui jette ;
La Fourmi le saisit :
Ce pont à terre la conduit.
Un rustre, les pieds nus, passant aussi par-là,
Voit la Colombe,
Prend son arc, y va ;
La Fourmi l'observant, au talon le piqua :
La fleche tombe,
L'oiseau s'envola.

Aimer qui nous aime,
La Nature même, &c. *au rondeau de*
la Fable XXX.

Les deux Fables précédentes se peuvent
chanter de suite.

LA COLOMBE ET LA FOURMI.

Un malheureux frappe à ta porte,
Donne, si tu peux, c'est son dû :
Qu'il soit Juif, Arabe, il n'importe.
Un Bienfait n'est jamais perdu.

LE CARPILLON ET LE PÊCHEUR.

Le Passé n'est rien dans la Vie,
Moi, du Futur je me méfie :
Bien mieux vaut un œuf dans la main,
Qu'un bœuf qu'on espére demain.

FABLE XXXII.

LE CARPILLON ET LE PÊCHEUR.

Sur l'Air : *Lanturelu.*

1.

CARPILLETTE blonde,
Dit certain conteur,
Crut par sa faconde
Gagner un Pêcheur.
Retourner dans l'onde,
Fretin l'auroit bien voulu.
       Lanturelu !
Lanturelu ! Lanturelu !

2.

« Deux printemps encore
» Laissez-moi nager ;
» Carpe en son aurore
» N'est bonne à manger. »
Mais à la pécore,
Il fut, dit-on, répondu,
       Lanturelu ! &c.

3.

Carpe, ma petite,
Cesse ton caquet ;
Tu vaux mieux que Truite
Hors de mon filet,
Et tu seras fritte
Ce soir en beurre fondu.
       Lanturelu !
Lanturelu ! Lanturelu !

C

FABLE XXXIII.

LES DEUX COQS.

Sur l'Air : Flon, flon, flon.

1.

Un Coq tenoit l'empire
De tout un poulailler ;
Un autre à notre Sire
Vint pour le disputer.
Flon, flon, flon, la rira dondaine,
Gai, gai, gai, la rira dondé.

2.

Plus vigoureux Athlète,
Celui-ci sort vainqueur ;
Le vaincu fait retraite,
En pleurant son malheur. Flon, flon, &c.

3.

Content de sa personne,
Le Sultan à gogo,
Sur le juchoir entonne
D'abord coquelico.   Flon, flon, &c.

4.

Témoin de sa victoire,
Un Vautour qui passa,
Au milieu de sa gloire
Le vit & le croqua.   Flon, flon, &c.

5.

L'autre Coq, pauvre diable,
Encor tout éclopé,
Revint faire l'aimable,
Près du cercle huppé.   Flon, flon, &c.

LES DEUX COQS.

Ne sors pas de ta cotterie,
Petit Roi d'un cercle borné :
Si tu t'y risques, je parie,
Vingt contre un de te voir berné.

L'ANE PORTANT UNE IDOLE.

Oui Mondor fut un idiot,

Et pour un bel esprit il passe :

Demain Mondor seroit un Sot,

Si Mondor n'étoit plus en place.

FABLE XXXIV.

L'ANE PORTANT UNE IDOLE.

Sur l'Air : M. le Prévôt des Marchands.

I.

CERTAIN jour de fête un Baudet,
Avec grande pompe portoit
Idole à Jupin confacrée,
Et tenant la foudre en fes mains,
Dont la figure révérée,
Effrayoit les pâles humains.

2.

Devant l'Ane on fe profternoit,
Et le fot crut qu'on l'adoroit ;
Mais un des dévots vint lui dire :
Baudet, ceffe de te vanter ;
Nos mépris font pour toi, beau Sire ;
Notre encens eft pour Jupiter.

FABLE XXXV.

LE RENARD ET LES DINDONS.

Sur l'Air : *Nous nous marierons Dimanche.*

1.

La Lune brilloit ;
Un Renard voyoit
Force Dindons fur un chêne :
Bien il voudroit
En remplir fa bedaine ;
Jamais n'avoit
Rencontré fi bonne aubaine :
Il fe conduifit,
L'hiftoire le dit,
En habile Capitaine.

2.

A leurs yeux d'abord
Renard fait le mort,
Reffufcite, capriole.
Le peuple fot
Sur lui fes regards colle,
Et puis bientôt
Eft ébloui, dégringole.
Plus de moitié,
Dit-on, lâcha pié,
Renard en fit la riole.

LE RENARD ET LES DINDONS.

Trop de frayeur, en général,

Fait que l'on voit le danger double:

Dès lors que la tête se trouble,

L'on tombe de Fièvre en Chaud-mal.

LA MONTAGNE QUI ACCOUCHE.

Le Fou promet beaucoup, et fait

A sa parole Banqueroute :

Le Sage promet peu, sans doute,

Mais donne plus qu'il ne promet.

FABLE XXXVI.

LA MONTAGNE QUI ACCOUCHE.

Sur l'Air : *Tu croyois en aimant Colette.*

I.

On lit dans les Faſtes de Thrace,
Qu'une montagne de haut lieu,
Ce fut, je penſe, le Parnaſſe,
D'Hymen un jour forma le nœud.

2.

La Dame ſe ſentant fertile,
Chez ſes voiſins fit afficher
Que ſa Hauteſſe, d'une Ville,
Dans ſept mois, devoit accoucher.

3.

Au bruit des pompeuſes affiches,
Auſſitôt que ſon terme échut,
Petits & grands, pauvres & riches,
A ſes couches chacun courut.

4.

Tout tremble : bois, rochers, campagne,
L'écho retentit de ſes cris ;
Mais notre orgueilleuſe Montagne
N'accoucha que d'une Souris.

FABLE XXXXVII.

LA MORT ET LE BUCHERON.

Sur l'Air : *Du Prevôt des Marchands.*

1.

Un Vieillärd courbé sous le poids
D'une énorme charge de bois,
En proie à l'affreuse misère,
Succombant enfin sous ses maux,
Et jetant son fagot par terre,
Exhala sa peine en ces mots :

2.

Garçon, je ne fus que goujat,
Et j'éprouvai, changeant d'état,
De mes enfans la barbarie.
A quatre-vingts ans, mon destin
Est de finir ma triste vie,
Par le froid, la rage & la faim.

3.

Viens, ô Mort! viens à mon secours,
Viens finir mes maux & mes jours.
Aussitôt arrive la laide ;
« Que veux-tu ? je te prends au mot. »
Moi! dit-il, je voudrois qu'on m'aide
A me recharger mon fagot.

LA MORT ET LE BUCHERON

Il n'est rien de tel que la vie ;
Le Proverbe Espagnol le dit,
Vive la Poule et son petit,
Quoique la Mere ait la pépie.

LE BERGER ET LE LION.

L'Homme passe sa vie à craindre.
Ce qui pourroit le rendre heureux;
Et souvent seroit bien à plaindre
Si le Ciel éxauçoit ses vœux.

FABLE XXXVIII.

LE BERGER ET LE LION.

Sur l'Air : *Tu croyois en aimant Colette.*

1.

Un Berger pour toute fortune,
De Brebis avoit un troupeau :
Chaque jour il en perdoit une ;
Son bien s'en alloit à veau l'eau.

2.

O Jupin ! que le larron puiſſe,
Dit-il, paroître devant moi,
Et je t'immole une Geniſſe
En retour, reçois-en ma foi.

3.

Jupin l'exauça : car à peine
Eut-il fini ſon oraiſon,
Qu'il vit de la forêt prochaine
Sortir un énorme Lion.

4.

A l'aſpect de la fière brute,
Michaut mourut preſque de peur ;
Tremblant dans un coin il ſe blute ;
Ces mots exprimoient ſa frayeur :

5.

« Je vous promis une Geniſſe
» Pour trouver mon voleur, ô Dieux !
» Je doublerai le ſacrifice,
» S'il peut s'éloigner de ces lieux. »

C iv

FABLE XXXIX.
LES DEUX ANES.

Sur l'Air : *Tout le long de la riviere.*

1.

D'ÉPONGES Nicaise
Un Ane chargea ;
L'autre, moins à l'aise,
Sacs de sel porta.
Sur le bord de la riviere,
Laire, lon lan la,
Etoit certaine barrière,
On la guéyoit là.

2.

L'Ane au sel se plonge
Dans un trou profond ;
Sel n'est pas éponge,
D'abord il se fond :
Sur le bord de la riviere,
Laire, lon lan la ;
Sur le bord de la riviere,
Leste il arriva.

3.

L'autre sot l'imite,
Eponges d'enfler :
En vain il s'agite ;
Il fallut aller
Dans le fond de la riviere,
Laire, lon lan la ;
Dans le fond de la riviere,
Baudet s'y noya.

LES DEUX ANES.

Si l'on en croit quelques Auteurs,
Certain Pays en sots abonde :
Mais le plus sot Peuple du Monde
Est le Peuple d'imitateurs.

LA MOUCHE ET LE CHAR.

Damis prend fort mes intérêts ;
Il le dit, mais j'ignorerois
Jusqu'à sa chétive existence,
S'il ne demandoit récompense.

FABLE XL.
LA MOUCHE ET LE CHAR.

Sur l'Air : *Branle de Metz.*

1.

Un Char rempli de javelle,
Montoit un rude côteau :
L'attelage est bon & beau ;
Il gravit, souffle, pantelle,
Maint caillou vole en morceaux,
Et sous ses pieds étincelle :
Michaut fouettoit ses chevaux,
Juroit, étoit tout en eau.

2.

Une Mouche vient, conseille,
Et sur le nez de Michaut....
« Tes Coursiers sont en défaut,
» Il faut que je les réveille. »
Se fourre dans leurs nazeaux
Et bourdonne à leurs oreilles.
Quand la vigueur des chevaux
Mit enfin le Char en haut,

3.

L'Insecte alors de son zèle
S'applaudit, est triomphant ;
Notre Mouche en ce moment
Pense sa gloire immortelle.
« J'ai bien travaillé, ma foi ;
» Mais enfin j'ai sçu, dit-elle,
» Tirer de-là le Charroi :
» Maître Michaut, payez-moi. »

C v

FABLE XLI.
LES DEUX POTS.

Sur l'Air : *Il étoit une fille.*

1.

Pot de fer, à son frère
Le pot de terre, un jour
Disoit : Irons-nous faire un tour?
Moi? dit le Pot de terre;
Non, camarade, non,
Je crains un horion, on.

2.

Ma mère la Marmite,
M'a dit, « Voyage peu,
» Ne quitte pas le coin du feu. »
Bon ! viens sous ma conduite,
Dit l'autre, ne crains rien,
Je serai ton soutien, en

3.

Le Pot de terre cede,
Quoiqu'assez mal content ;
Ils se mettent en mouvement :
Le Pot de fer procede,
Et l'autre le suivant,
S'en va clopin, clopant, ant.

4.

Il rencontre une roche,
Qui le fait trébucher :
Pot de fer croit qu'il va tomber;
Rudement il s'approche
Pour lui donner le bras,
Et le brise en éclats, ats.

LES DEUX POTS.

Avec vous, obscur Plébéien,
Ce Grand est en affaire ? Eh bien !
Je sais quelle part est la vôtre,
Tout est d'un côté, rien de l'autre.

LE CHEVAL ET LE LOUP.

Joignant la force à la prudence,
On met toute entreprise à bout :
Heureusement pour l'innocence
Qu'un méchant ne prévoit pas tout.

FABLE XLII.

LE CHEVAL ET LE LOUP.

Sur l'Air : Faut pas être grand sorcier pour ça.

1.

Un beau Cheval étoit au vert ;
    Un Loup dans la prairie
Vint l'aborder d'un air ouvert :
    « Ce n'est pas maladie, »
Dit-il, « gras comme vous voilà,
» Je ne saurois croire cela, là, là, »
Oh ! oh ! oh ! ah ! ah ! ah !
Pourquoi donc vous a-t-on mis là ? là, là.

2.

J'ai, dit le Cheval, sous le pié
    Malandre douloureuse ;
Je crains d'en être estropié ;
    L'apostume est fâcheuse.
Oui ! dit le Loup, voyons cela,
J'ai certain cataplasme, là, là,
Oh ! oh ! oh ! &c.
Mon topique vous guérira, là, là.

3.

Le Loup s'approche ; le Cheval
    Lui lâche une ruade,
Et vous met du pauvre animal
    La gueule en marmalade,
En lui disant : Docteur, voilà
Tes honoraires ; prends cela, là, là,
Oh ! oh ! oh ! &c.
Va mettre un cataplasme là, là, là.

FABLE XLIII.

LA POULE AUX ŒUFS D'OR

Sur l'Air : *On n'aime point dans nos forêts.*

1.

Certain Grec vivoit sans chagrins,
Dormoit & faisoit bonne chère :
Son revenu n'étoit en grains,
Ferme, troupeau, maison ni terre ;
Il avoit un meilleur trésor,
Sa Poule pondoit des œufs d'or.

2.

Au matin un œuf il trouvoit,
C'étoit beaucoup, sans soins ni peine,
Et chaque jour le drôle avoit
A son lever pareille aubaine ;
Mais il trouva, tout combiné,
Que c'étoit un bien trop borné.

3.

Ne me donner, dit le Payen,
Qu'un œuf par jour, Jupin fut chiche ;
Mais j'entrevois un bon moyen,
En un instant de me voir riche :
Je dois trouver, dit le butor,
Dans ma Poule une mine d'or.

4.

Il dit, & le sot aussitôt
Vous pourfend la pauvre volaille ;
Mais n'y trouvant rien, le nigaud
Pleure, se désespere, braille :
Hélas ! dit-il, pour trop vouloir,
J'ai fini par ne rien avoir.

LA POULE AUX ŒUFS D'OR.

Si quelqu'un pour une entreprise,

Hazarde un revenu certain

Dans l'espérance d'un gros gain,

Ce quelqu'un fait une Sotise.

LE CORBEAU ET L'AIGLE.

En vain contre Thémis on joûte
Si l'on n'est illustre Brigand :
On punit un voleur, sans doute !
Un petit, mais non pas un grand.

FABLE XLIV.
LE CORBEAU ET L'AIGLE.

Sur l'Air : *Une faveur Lisette.*

1.

L'OISEAU porte-tonnère,
Enlevoit un mouton ;
Un Corbeau son compere,
Moins fort, aussi glouton,
Vit une brebis belle,
Blanche comme satin,
Il s'abat, fond sur elle,
Compte en faire un festin.

2.

Il croit qu'il va sans peine
L'enlever dans les airs :
Pour lui la bonne aubaine !
Mais, ô fatal revers !
La laine étoit touffue,
Ses griffes s'y logeant,
L'Oiseau pris à la glue,
S'agite vainement.

3.

Un enfant du village
Accourt, prend le Corbeau ;
Il vous le met en cage,
Et l'orgueilleux Oiseau
Se vit, par vaine gloire,
Destiné désormais
A servir, dit l'Histoire,
D'amusette aux Valets.

FABLE XLV.

LE RENARD ET LES RAISINS.

Sur l'Air : *O gué lon la , lan laire.*

1.

Renard ſur une treille,
Vit des raiſins
Vermeilles , mûrs à merveille,
De vrais ſucrins ;
Mais en vain cent fois il ſauta ,
Gravit , s'élança ,
Halleta , ſua.
O gué , lon la , lan laire,
O gué , lon la.

2.

Bientôt il s'en conſole.
Je ſuis un fat,
Dit-il , ſur ma parole ,
C'eſt du muſcat :
Le goût m'en paroît fade & plat.
En diſant cela ,
Renard s'en alla.
O gué , lon la , lan laire,
O gué , lon la.

LE RENARD ET LES RAISINS.

Par son or, ce vieux dissolu
En vain a tenté Julienne :
Mais croyez-vous qu'il en convienne ?
Bon ! c'est qu'il n'en a pas voulu.

LES PLAIDEURS ET L'HUITRE.

Si vous avez un bon Procès,
Arrangez-le, sur ma parole ;
Sinon, la Justice et les fraix
Goberont la dernière obole.

FABLE XLVI.

LES PLAIDEURS ET L'HUITRE.

Sur l'Air : *Je ne suis ni Roi ni Prince.*

I.

Deux Voyageurs de compagnie,
L'histoire les dit de Candie,
Cheminoient un matin d'été ;
Le soleil brilloit sur la plage,
Et le flot avoit apporté
Une Huitre tout près du rivage.

2.

Chaque galant veut gober l'Huitre,
Croit en avoir droit a bon titre ;
Ils vinrent à se courroucer,
Et force injures ils se dirent :
Mais voyant Chicane passer,
Tous les deux pour juge la prirent.

3.

Le monstre en noire souguenille
Leur dit : Messieurs, point de castille ;
A leurs yeux l'Huitre il avala,
Disant aux deux gens en bisbille :
Elle étoit fort bonne ; voilà,
Amis, chacun une coquille.

FABLE XLVII.

LA LAITIERE ET LE POT AU LAIT.

Sur l'Air : *Je vais revoir ma charmante Maîtresse.*

1.

ROSE portoit au marché son laitage,
Et disoit : Je serai fort sage
D'acheter ce soir d'œufs un cent ;
Je les fais couver : de l'argent
De mes poulets, je fais emplette
D'un bon Cochon, l'engraisse, achète   *bis.*
Une Vache argent comptant.   *bis.*

2.

Ce n'est pas tout : voici nouvelle aubaine ;
En peu de mois ma Vache est pleine,
Et doit vêler au renouveau ;
Alors je commence un troupeau,
Et puis enfin vivre sans peine.
Rose déja voit dans la plaine *bis.*
Bondir la Vache & le Veau. *bis.*

3.

Elle en sauta : le Pot cheoit, vole en pièces ;
Adieu Cochon, Vache, richesses,
Biens avec le lait répandus ;
Œufs clairs avant d'être pondus !
Veau mort-né qui n'eut jamais l'être !
Le Pot au lait vous fit tous naître ; *bis.*
Il est mort, vous n'êtes plus. *bis.*

LA LAITIERE.
ET LE POT AU LAIT.

Quand Orgon me lit le projet

Qui de son cerveau vient d'éclore,

Je m'imagine voir encore

La Laitiere et le Pot - au -Lait.

LE TORRENT ET LA RIVIERE.

Stentor ne parle que vengeance,
On peut s'en garder sans effort ;
De Damis craignez le silence :
Rien n'est pire que l'eau qui dort.

FABLE XLVIII.

LE TORRENT ET LA RIVIERE.

Sur l'Air : *Du Fleuve d'oubli.*

1.

Un Marchand dans la plaine,
Des voleurs pourſuivi,
Fuyoit à perdre haleine,
Et ſon Cheval auſſi.
Les drôles, on peut le croire,
A ſes dépens ici,
 Biribi,
 Comptoient boire,
 Comptoient boire.

2.

Un Torrent ſe préſente,
Terrible en cet endroit ;
Mais rien ne l'épouvante,
Il s'y lança tout droit :
Il le paſſa, dit l'hiſtoire,
 Lui, ſon cheval auſſi,
 Biribi,
 Sans en boire. *bis.*

3.

Près d'un fleuve tranquille
Bientôt il s'arrêta :
Le trajet eſt facile,
Dit-il ; il s'y jeta.
Tous les deux, nous dit l'hiſtoire,
 Dans le Fleuve d'oubli,
 Biribi,
 Furent boire,
 Furent boire.

FABLE XLIX.
LA CIGALE ET LA FOURMI.

Sur l'Air : *Mi , mi , fa , ré , mi.*

1.

La Cigale dans la plaine,
Vivoit en joie & gaîté ;
En chantant à perdre haleine,
Autant que dura l'été,
   Mi , mi , fa , ré , mi ,
   Le jour & la nuit,
   Mi , mi , fa , ré , sol ,
Comme nn Rossignol.

2.

L'hiver vient ; il neige , il gèle.
Elle court chez la Fourmi :
Prêtez-moi du grain , dit-elle,
C'est un service d'ami ;
   Mi , mi , fa , ré , mi ,
   Chantons jour & nuit,
   Mi , mi , fa , ré , sol ,
Le doux Rossignol.

3.

La Fourmi répond : Mignonne ,
Vous avez fort prudemment
Chanté jusques à l'automne :
Voici l'hyver ; à présent,
   Mi , mi , fa , ré , mi ,
   Dansez un petit,
   Mi , mi , fa , ré , sol ,
Comme un Espagnol.

LA CIGALE ET LA FOURMI.

Avare, on dit que l'on ménage,
Prodigue, qu'on est généreux :
L'homme vraiment prudent et sage
Choisit sa place entre les deux.

LA BELETTE ET LE RAT.

Entré pauvre dans cette affaire,

Orgon riche étoit devenu :

Il en sort vilipendé, nu,

C'est bien fait, qu'alloit-il y faire ?

FABLE L.
LA BELETTE ET LE RAT.

Sur l'Air : *Du haut en bas.*

1.

Dans un grenier,
Belette maigre étoit entrée,
Dans un grenier,
Par un petit trou du larmier :
Elle y trouva bonne denrée,
Et huit jours fit ample curée
Dans le grenier.

2.

Dans le grenier,
Un jour la graffette commère,
Dans le grenier,
Voulut, mais en vain effayer,
De repaffer par fa chattière,
S'ennuyant de la bonn chère
Dans le grenier.

3.

Dans le grenier,
Il n'eft, lui dit un Rat, ma chère,
Dans le grenier,
D'autre trou que dans le larmier.
Maigriffez, faites mince chère :
Jufqu'alors reftez prifonnière
Dans le grenier.

FABLE LI.

PAROLES DE SOCRATE.

Sur l'Air : *Mais il est des momens.*

1.

Socrate, l'histoire le dit,
Voulut qu'on lui bâtît
Maison faite à sa guise;
Petite en raccourci,
Sans faste ; aussi ,
Dans leur surprise,
Ses amis lui parloient ainsi :

2.

Ce logis , sans doute, est fort bien
Pour quelque citoyen;
Mais Socrate est un prince :
Oui, Seigneur, entre nous,
Nous pensons tous
Qu'il est trop mince;
Un Palais n'est pas trop pour vous.

3.

Socrate leur dit : Ma maison,
Non sans quelque raison,
Dans un lieu comme Athène
Semble petite aux yeux;
Mais plût aux Dieux,
Qu'elle fût pleine
D'amis constans & vertueux!

PAROLES DE SOCRATE.

Un Ami, Bien inestimable !
Ah, si vous trouvez le moyen
D'en rencontrer un véritable,
C'est un trésor, gardez-le bien.

L'AVARE ET SON COUSIN.

Que l'on me passe ce dicton,

Quoique nos Docteurs le proscrivent,

Ni l'Avare ni le Cochon

Ne sont bons à rien tant qu'ils vivent.

FABLE LII.
L'AVARE ET SON COUSIN.

Sur l'Air : *Ah ! Maman, que je l'ai échappé*
belle.

Un Avare avoit perdu sa vie ;
C'étoit son argent,
Cela s'entend :
Dans sa furie,
Dans la forêt il gémit, il crie.
Un Cousin qu'il hait,
Par là passoit,
Apprend le fait :
Votre or ici ! le trait est bisarre ;
Pour le dépenser,
L'aller chercher
Si loin ! tarare !
Le dépenser ! comment, dit l'Avare,
L'argent à présent
Est-il si commun ? Le parent
Répond : Je vais te le rendre, approche.
» Eh quoi ? » Ton argent,
Dans cet instant.
Reprends ta pioche ;
Tiens, mets à sa place cette roche :
Pour toi, pauvre fou,
Un bon caillou
Vaut le Pérou.

FABLE LIII.
LE RENARD ET LE BUSTE.

Sur l'Air : *Je ne suis ni Roi ni Prince.*

1.

Un Renard chez un Statuaire
Entra, dit-on, par la chattière.
Ésope ne dit pas par où,
Ni s'il y trouva Compagnie :
Pour moi j'y veux mettre un Matou ;
C'est affaire de fantaisie.

2.

Maître Chat à tout voir l'invite.
Ces Ouvrages ont du mérite,
Mais ce Buste sur-tout prévaut.
Renard regarde, l'envisage :
Je vois à ce Chef un défaut,
Dit-il, & c'est ma foi dommage.

3.

Un défaut ? l'excellent critique !
Dit le Chat, que ce propos pique ;
Il est triste, à parler sans fard,
Qu'une piece aussi bien finie
N'ait pas l'honneur, maître Renard,
De plaire à votre Seigneurie.

4.

Cette tête est parfaite, & telle
Que l'on la croit de Praxitelle.
Eh ! fût-elle de Phidias,
Dit le Renard, elle est fort belle,
J'en conviens ; mais, mon cher, hélas !
Il lui manque un peu de cervelle.

LE RENARD ET LE BUSTE

Je voudrois ôter à Mélite
Ses Brillants, ses jolis Chevaux,
Son Boudoir et ses Cheveux faux,
Puis après peser son mérite.

LE CHIEN TROMPÉ PAR L'OMBRE.

A la Cour on en voit bon nombre,

Qui, dupes de leurs vains projets,

Pensent poursuivre des objets,

Et ne courent qu'après un ombre.

FABLE LIV.

LE CHIEN TROMPÉ PAR SON OMBRE.

Sur l'Air : *M. la Palisse est mort.*

1.

SUR la table étoit le Rôt :
Certain Lévrier alerte,
Zeste, emporte le Gigot;
Il trouva la porte ouverte.

2.

On le poursuit ; les Valets
Sont bientôt mis hors d'haleine ;
Le voleur arrive auprès
D'une limpide fontaine.

3.

Nul zéphir ne l'agitoit,
Et l'onde profonde & pure,
Aux yeux du Chien répétoit
De son gigot la figure.

4.

Ce jour, dit-il, est heureux,
C'est encor franche lippée ;
Mais ce n'est pas trop de deux,
Je l'aurai bientôt happée.

5.

Il crut, mais il se blousa,
Que, pour saisir l'autre viande,
Il ne falloit pour cela
Qu'ouvrir la gueule plus grande.

6.

Il le fit : & vit son rôt
En un instant disparoître,
Et s'éclipser aussitôt
L'ombre qui l'avoit fait naître.

FABLE LV.

LE FOU ENSEIGNANT LA SAGESSE.

Sur l'Air : *En Angleterre nous irons.*

1.

Un Fou dans Athènes un jour,   *bis.*
Crioit à rendre un Chantre sourd :   *bis.*
Venez à moi, belle jeuneſse,
Et vous radoteuſe vieilleſse,
    Gens de Grèce,
    Gens de toute eſpèce;
    Fous,
Accourez, entrez chez nous,
Sages vous en ſortirez tous.

2.

La ſingularité du fait,   *bis.*
Près de lui la foule attiroit :   *bis.*
Le Fou, les paſſant en revue,
A chacun pour ſa bienvenue
    Diſtribue,
    De ſa main velue,
    Pan,
Un ſoufflet, puis un ruban
De deux aunes ; c'étoit ſon plan.

3.

Ce Fou, dit l'un d'eux, en effet,   *bis.*
De ſageſse eſt maître parfait ;   *bis.*
« D'un fou tenez-vous à diſtance
» De ce ruban. » Meſſieurs, je penſe
    Qu'il relance,
    Pour ſon imprudence,
    Pan,
Quiconque agit autrement,
L'avis eſt d'un Sage vraiment !

LE FOU ENSEIGNANT LA SAGESSE.

Jugez de l'avis qu'on vous donne
Par l'avis, non par la personne :
Que le donneur soit sage ou non,
Qu'importe, si l'avis est bon.

LE SINGE ET LE CHAT.

Entre deux confreres Larrons,
L'un Sot, l'autre rusé Pirate,
Celui-là se brûle la Patte,
Celui-ci croque les Marons.

FABLE LVI.
LE SINGE ET LE CHAT.

Sur l'Air : *Aye, aye, aye, Jeannette.*

1.

Un Singe, appellé Babon,
Vivoit comme domestique,
Avec Chat nommé Raton,
Dans un hôtel magnifique.
Aye, aye, aye,
Aye, aye, aye la clique !
La clique aye, aye, aye.

2.

Sous la cendre un jour cuisoient
Marrons d'excellente mine,
Et nos deux larrons étoient
Tous deux seuls dans la cuisine.
Aye, aye, aye,
Aye, aye la rapine, &c.

3.

Raton tire les marrons,
Babon plus sage les happe ;
Mais on trouble nos frippons.
A la porte quelqu'un frappe,
Aye, aye, aye,
Aye, aye, aye la tappe, &c.

4.

Tout étoit presque fini,
Tous deux de fuir à la hâte,
Babon le ventre garni,
Et Raton criant la patte !
Aye, aye, aye,
Aye, aye, aye la patte, &c.

FABLE LVII.
LES MÉDECINS.

Sur l'Air : *Du Rémouleur.*

1.

Le fils de Thersite
Touchoit au tombeau ;
On appelle vîte
Boivin & Boileau.
Le tartre émétique,
Disent les Docteurs,
Est le spécifique ;
Mais point de lenteurs.

2.

Boivin dit : Qu'on donne
Du tartre en vin chaud ;
Son confrère ordonne
Que ce soit dans l'eau :
Las de les entendre,
Sur le sombre bord,
L'enfant fut attendre
Qu'ils fussent d'accord.

3.

Le vin émétique,
Dit Boivin, étoit
Le remède unique,
J'en connois l'effet ;
Et Boileau s'écrie,
Mettant son manteau :
Il seroit en vie
S'il l'eût pris dans l'eau.

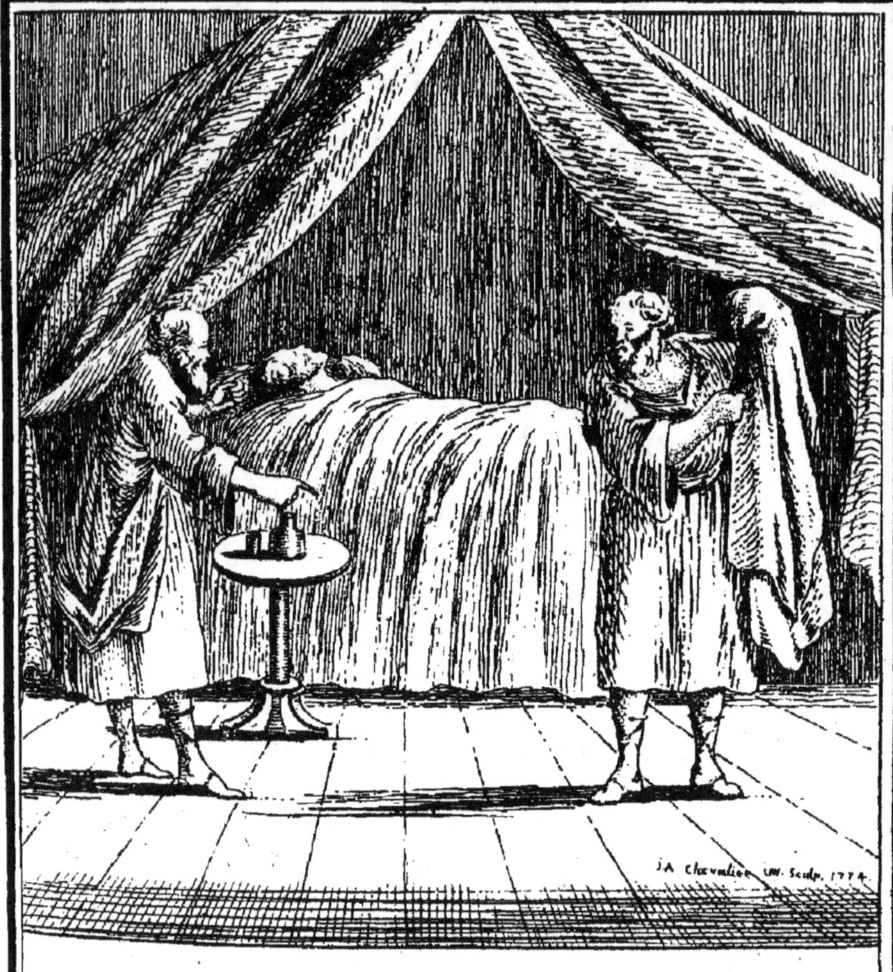

LES MÉDECINS.

Le Docteur blâme l'Empirique,
Qui fait à la forme faux-bond :
C'est dommage pour la pratique
Que la forme emporte le fonds.

LES GRENOUILLES
ET LEURS ROIS.

Conservons toute notre vie
Notre état, s'il nous rend heureux;
Car le changer, pour être mieux,
C'est, à mon gré, grande folie.

FABLE LVIII.

LES GRENOUILLES ET LEURS ROIS

Sur l'Air : *Quand la mere Rouge apparut.*

1.

PEUPLE Grenouille autrefois
    Eut la fantaisie
De tâter un peu des Rois,
    D'être Monarchie ;
Et bientôt à Jupiter,
En forme il fallut députer :
    Seigneur, brek, brek, brek ;
    Seigneur, quax, quax, quax,
      Seigneur brek,
      Seigneur quax,
Seigneur Brekquax, même,
    Y fut, lui cinquième.

2.

Jupiter, plein de bonté,
    Pour Roi leur envoie
Un Chevron ; il fut fêté ;
    Grande fut la joie :
Mais bientôt le méprisant,
Puis un autre lui succédant,
    Ce fut une Grue
    Cruelle & goulue.

3.

Le Roi vient ; & pour le voir,
    Sort de ses cellules
Tout le peuple du manoir.
    Quelques incrédules,
Entr'elles se disputant,
S'il étoit sûr qu'il fût vivant,
    Il les croqua toutes
    Pour lever leurs doutes.

FABLE LIX.
LES VOLEURS ET L'ANE.

Sur l'Air : *Réveillez-vous.*

1.

D E U x larrons avoient pris un Ane,
Dans le pré d'un pauvre Ruſtaut ;
Mais entr'eux deux dame Chicane
Vint ſe gliſſer tout auſſi-tôt.

2.

L'un, pour boire mainte chopine,
Prétendoit vendre Aliboron ;
L'autre, garder la bête Aſine,
Et rembourſer ſon compagnon.

3.

Les paroles deviennent groſſes ;
Ils s'appellent Coquins, Larrons :
Et bientôt nos galans en chauſſes,
Se battent en preux champions.

4.

Un tiers Voleur voyant la fête,
Il crut devoir en profiter ;
Prit les habits, monta la bête,
Et les laiſſa ſe diſputer.

LES VOLEURS ET L'ANE.

Fuyez le Barreau comme peste!
Deux hommes sont-ils en procès,
Un tiers plus fin arrive, et zeste
Enleve tout, hormis les frais.

LE CHARETIER EMBOURBÉ.

Les soins assurent les succès,
Voilà le meilleur des systêmes:
Car, qui prendra nos intérêts
Si nous les négligeons nous mêmes?

FABLE LX.
LE CHARRETIER EMBOURBÉ.

Sur l'Air : *De la Tourriere.*

1.

CERTAIN Charretier, moitié saou
Avoit presque fait bascule,
Sa roue étoit dans un trou ;
Il juroit, étoit comme un fou.
Pan, pan, pan, pan, pan, pan, pan ;
En vain il fouette sa mule,
Pan, pan, &c.
En vain il redouble ses coups.
Le manant tombe à genoux,
A grands cris invoque Hercule :
C'est à toi que j'ai recours,
Dieu puissant, viens à mon secours.

2.

Hercule vient : Me voici,
Dit le Dieu ; mais, pauvre hère,
Est-ce en agissant ainsi
Que tu te tireras d'ici ?
Pan, pan, &c.
Tu fouettes avec colère
Pan, pan, &c.
Tu jures, à quoi bon cela ?
Ote-moi ce caillou-là,
Et comble-moi cette ornière.
Il le fit & s'en tira.
« Aide-toi, le Ciel t'aidera. »